Dros Ben Llestri

Dros Ben Llestri

Casgliad o idiomau i blant

Testun gan Sian Northey

Cwpledi gan Myrddin ap Dafydd

Lluniau gan Siôn Morris

Gwasg Carreg Gwalch

Rhif Llyfr Safonol Rhyngwladol:
978-1-84527-447-4

Cyhoeddwyd gyda chymorth ariannol Cyngor Llyfrau Cymru

Dylunio: Elgan Griffiths

Cyhoeddwyd gan Wasg Carreg Gwalch,
12 Iard yr Orsaf, Llanrwst, Dyffryn Conwy, Cymru LL26 0EH.
Ffôn: 01492 642031
e-bost: llyfrau@carreg-gwalch.com
lle ar y we: www.carreg-gwalch.com

Argraffwyd a chyhoeddwyd yng Nghymru

Cyflwyniad

Pam rydyn ni'n dweud wrth rywun am ymdrechu ei 'orau glas'? Pam na ddywedwn ni, 'Gwna dy orau gwyn!' neu 'Gwna dy orau oren!' tybed? Rydym yn gwybod bod yr hen Frythoniaid yn peintio'u cyrff yn las wrth baratoi i frwydro yn erbyn y Rhufeiniaid ar lannau'r Fenai ryw ddwy fil o flynyddoedd yn ôl. A ddywedodd rhywun wrth y milwyr bryd hynny, tybed – 'Gwnewch eich gorau glas i amddiffyn yr ynys rhag y taclau yma!'? Does neb yn gwybod yn iawn bellach. Ond mae'r lliw hwnnw'n ffordd o ddweud wrth inni siarad Cymraeg. Mae'n rhoi pwyslais ychwanegol i'r geiriau. Mae'n fwy tebyg o gael effaith ac o aros yn y cof na dim ond dweud yn syml ac yn llwydaidd: 'Gwna dy orau'.

'Ffordd o ddweud', 'ymadrodd', 'idiom', 'dywediad', 'priod-ddull' – mae nifer o eiriau am y pytiau bach llafar yma sy'n rhoi tipyn o gic ac o gymeriad ychwanegol i'n hiaith wrth inni ei siarad. Mae rhai ohonyn nhw'n hen ddychrynllyd – mor hen â'r Gymraeg ei hun, mae'n siŵr. Mae yna wreiddioldeb yn perthyn iddyn nhw; eto, maen nhw'n perthyn i bawb ohonon ni. Gwrandewch arnyn nhw; cofiwch nhw – ac, yn well na dim, defnyddiwch nhw!

Mae angen gwybod pryd a sut i'w defnyddio, wrth gwrs. Er mwyn dangos sefyllfa lle mae idiom yn llithro'n naturiol i mewn i sgwrs, mae'r awdur Sian Northey wedi creu sefyllfa a stori fechan ar gyfer pob un sydd yn y casgliad hwn. Mae cwpled hefyd ar bob tudalen – mae'n haws cofio pethau ar fydr ac odl weithiau.

Ar ben hynny, mae'r arlunydd Siôn Morris wedi gwneud yr idiom yn weladwy drwy gyfrannu llun bach doniol ar gyfer pob un ohonyn nhw. Mae sawl idiom yn gartŵn ynddo'i hun. Meddyliwch am ddweud ei bod hi'n 'bwrw hen wragedd a ffyn'. Dyna ichi ddychymyg! A'r cyfan er mwyn cyfleu bod yr awyr yn taflu popeth ar ein pennau. Rhwng y stori, y darlun a'r rhigwm, gobeithio y bydd yr idiomau'n dod yn fyw yn y gyfrol hon.

Mwynhewch ddod i'w nabod yn dda – byddwch yn hen lawiau arnyn nhw erbyn y dudalen olaf!

Myrddin ap Dafydd
Chwefror 2014

Cynnwys

Dŵr dan bont

Roedd yn gas gan Ela feddwl mynd yn ôl i'r clwb ieuenctid fis Medi. Yn y cyfarfod diwethaf cyn yr haf roedd hi wedi gwylltio efo Siôn Tudur, yr arweinydd, ac wedi siarad yn gas efo fo. Erbyn hyn roedd hi'n difaru ac yn gwybod y byddai hi'n teimlo'n annifyr pan fyddai'n ei weld.

'Croeso 'nôl, Ela,' meddai Siôn Tudur.

'Mae'n ddrwg gen i . . .' dechreuodd Ela ddweud.

Ond roedd Siôn wedi hen anghofio am y peth.

'Dŵr dan bont ydi hynna, Ela. Ty'd i helpu i symud y cadeiriau 'ma.'

Aeth y brathiad yn y geiriau
Lawr yr afon gyda'r tonnau.

Bwrw hen wragedd a ffyn

Dim ond pigo bwrw glaw oedd hi wrth i Lowri gerdded i'r
ysgol ond erbyn diwedd y pnawn roedd hi llawer gwaeth.

Tra oedd hi'n gwisgo'i chôt clywodd ei nain yn galw arni
wrth y drws.

'Lowri, dwi wedi dod i dy nôl di yn y car. Mae hi'n bwrw
hen wragedd a ffyn ac mi faset ti'n wlyb at dy groen taset
ti'n cerdded yn y glaw.'

> Pan fydd hi'n bwrw hen wragedd a ffyn,
> Cwyd ymbarél a'i dal hi yn dynn.

Pawb at y peth y bo

Doedd Rhian ddim yn deall ei chwaer. Edrychodd arni'n eistedd yn y gegin yn gweu siwmper arall.

'Wyt ti'n mwynhau gwneud hynna?'

Atebodd Tara mohoni. Roedd hi wedi cael digon ar geisio esbonio'r pleser roedd yn ei gael yn gweu.

Aeth Rhian i chwilio am ei sgidiau marchogaeth a'i chôt law.

'Ti 'rioed yn mynd i farchogaeth yn y tywydd yma, wyt ti?' meddai Tara. 'Fe fyddi'n di'n socian ac fe fydd y merlod yn fwd i gyd! Ych a fi!'

Edrychodd y ddwy ar ei gilydd a dechrau chwerthin. 'Pawb at y peth y bo!' meddai'r ddwy ar yr un adeg yn union.

Mae rhai'n gweu siwmperi; mae rhai'n fwd i gyd:
Pob un â'i ffansi yw'r drefn yn y byd.

Pawb â'i fys lle bo'i ddolur

Gan eu bod yn gwneud prosiect ar afonydd y tymor hwnnw, roedd angen i'r plant dreulio prynhawn ger afon leol. Roedd dwy afon yn agos i'r ysgol ac roedd pawb wedi bod yn trafod lle yr hoffen nhw fynd. Roedd Mr Lloyd wedi gwrando ar yr holl ddadleuon.

'Oes yna unrhyw un arall isio dweud rhywbeth?' gofynnodd.

Cododd Alan ei law yn betrus. 'Dwi ddim isio mynd at yr afon sydd wrth ymyl tŷ Nain,' meddai'n ddistaw, 'neu fe fydd hi'n poeni mod i'n mynd i wlychu.'

Chwarddodd y dosbarth i gyd. Tawelodd Mr Lloyd nhw gan ddweud, 'Na, mae hynna'n ddigon teg os mai dyna sy'n dy boeni di, Alan. Pawb â'i fys lle bo'i ddolur.'

Pan fydd rhywle bach yn brifo,
Hawdd yw rhoi fy mys fan honno.

Rhaid cropian cyn cerdded

Dim ond deg gwers biano roedd Elgan wedi'u cael, ond roedd yn benderfynol o feistroli'r darn roedd ei chwaer fawr yn ei chwarae. Credai ei fod yn gallu darllen y nodau, ond doedd y sŵn a ddôi o'r piano yn ddim byd tebyg i'r gân roedd o'n ei hadnabod. Roedd yn mynd yn fwy a mwy blin, ond sylwodd ei dad beth oedd yn digwydd a rhoi darn arall o gerddoriaeth, un llawer symlach, o'i flaen. 'Tria hwn. Rhaid cropian cyn cerdded.'

Cyn camu i'r esgidiau mawr,
Rhaid gwisgo'r rhai sy'n ffitio'n awr.

Siarad drwy'i het

Bu'n rhaid i Eifion fynd efo'i rieni i'r cyfarfod yn neuadd
y pentref. Eisteddai yng nghefn y neuadd yn gwrando. Roedd
un wraig mewn côt binc yn siarad am amser hir iawn.

'Roedd y ddynas 'na yn y gôt binc yn gwybod llawer,
yn doedd, Dad?' meddai wrth i'r ddau gerdded adref.

Chwarddodd ei dad. 'Roedd hi'n dweud llawer o bethau,
efallai, ond siarad drwy'i het oedd hi, Eifion. Tydi hi'n
gwybod dim byd.'

Mae'n swnio'n dda; mae'n rhoi geiriau o brofiad –
Ond drwy ei het y mae hi'n siarad!

Llwyth dyn diog

Roedd Siân wrth ei bodd yn cael llofft newydd. Symudodd ei mam ei dillad. Rŵan roedd angen i Siân symud popeth arall. Doedd ganddi ddim awydd gwneud sawl taith yn ôl ac ymlaen, felly gafaelodd yn y llyfrau i gyd, yna yn ei chloc larwm, y lluniau mewn ffrâm a'r brwshys gwallt. Yr unig bethau ar ôl oedd y ddwy ddoli hynafol oedd wedi bod yn teulu ers blynyddoedd maith. Rhoddodd nhw ar ben y pentwr yn ei breichiau.

Dim ond ychydig gamau roedd hi wedi mynd pan lithrodd y ddwy ddoli fregus. Ceisiodd eu hachub a disgynnodd popeth ar lawr.

Daeth ei mam i'r golwg, wedi clywed y sŵn. 'Llwyth dyn diog oedd hwnna, Siân. Mi fysa'n well taset ti wedi cario sawl llwyth bach.'

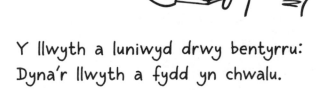

Y llwyth a luniwyd drwy bentyrru:
Dyna'r llwyth a fydd yn chwalu.

Llyncu mul

'Diod, Gwen?'

Wnaeth Gwen ddim ateb ei mam.

'Wyt ti isio pitsa efo ni?'

Ond wnaeth hi ddim ateb eto, dim ond pwdu yn ei llofft. Roedd ei dau frawd a'i mam wedi chwerthin am ei phen y bore hwnnw, ac roedd hi wedi cau ei hun yn ei llofft am oriau gan wrthod ateb neb. Gallai eu clywed yn chwerthin eto, ac yna lais ei brawd: 'Wel, mae hi wedi llyncu mul go iawn tro 'ma, tydi.'

> Pan fydd y mul bach wedi'i lowcio,
> Mae hi'n anodd iawn ei dreulio.

Heb flewyn ar dafod

Roedd sŵn cerddoriaeth uchel yn dod o'r drws nesa unwaith eto ac roedd Daniel a'i ddau frawd bach yn methu cysgu. Roedd cymdogion newydd wedi dod i fyw yno ac roedd ei fam wedi bod yn meddwl drwy'r wythnos sut i ddweud yn glên wrthyn nhw fod eu sŵn i'w glywed yn glir drwy'r wal.

Y noson wedyn roedd nain Daniel wedi dod draw i'w tŷ nhw. Pan glywodd hi'r sŵn, cododd o'i chadair a mynd yn syth drws nesa. Dywedodd wrthyn nhw heb flewyn ar ei thafod fod y gerddoriaeth yn rhy uchel a bod yna blant bach yn trio cysgu.

Siarad plaen a dweud heb faldod –
Dweud heb flewyn ar y dafod.

Rhoi'r ffidil yn y to

'Dyna ddigon,' meddai tad Cadi gan daflu popeth yn ôl
i mewn i'r bocs blith draphlith. 'Dwi'n rhoi'r ffidil yn y to.'

Edrychodd Cadi ar gynnwys y bocs – darnau o bren,
darnau o fetel a llwyth o sgriws a bolltiau bychain – popeth
oedd ei angen, yn ôl y daflen gyfarwyddiadau, i wneud
cwpwrdd i ddal esgidiau. Ond doedd dim ffidil yna.

'Sgen ti ddim ffidil, Dad.'

Chwarddodd ei thad. 'Ffordd o ddweud mod i'n rhoi
gorau iddi hi ydi hynna. Mi geith dy fam drio pan ddaw
hi adre.'

> Ildio, rhag mynd o dy go',
> Hyn yw rhoi'r ffidil yn y to.

Gwneud fy ngorau glas

'Rhaid i ti drio'n galetach, Sali.'

Aeth Sali i nôl diod o'r oergell gan adael ei mam yn edrych ar yr adroddiad oedd wedi dod o'r ysgol.

'Dyna maen nhw i gyd yn ei ddweud, Sali. Mae pawb yn dweud y gallet ti wneud yn llawer gwell pe bait ti'n gwneud mwy o ymdrech.'

'Wel, maen nhw i gyd yn anghywir, Mam. Dwi'n gweithio'n galed, dwi'n gwneud fy ngorau glas. Fedra i ddim gwneud dim mwy.'

Gwelodd ei mam fod Sali yn agos at ddagrau a rhoddodd ei braich amdani. 'Os wyt ti'n gwneud dy orau glas, fedri di ddim gwneud mwy na hynna. Paid â phoeni.'

Dim ots lle rwyt ti yn y ras
Os wyt ti'n gwneud dy orau glas.

O bedwar ban byd

'Lle ydach chi'n cael mynd, Bethan?' holodd Mrs Jones drws nesa wrth weld y teulu i gyd yn mynd i mewn i'r car.

'Mi ydan ni'n mynd i Eisteddfod Llangollen, Mrs Jones. Mae yna bobl o lawer o wahanol wledydd yn dod yno i gystadlu a dwi isio gweld y dawnswyr.'

'Dwi'n cofio mynd yno pan oeddwn i'n iau,' gwenodd Mrs Jones wrth gofio. 'Hyd yn oed yr adeg honno, roedd pobl o bedwar ban byd yn dod yno.'

Gorllewin a gogledd, de, dwyrain ynghyd:
Mae pobl yma o bedwar ban byd.

Â'i wynt yn ei ddwrn

Cafodd pawb wybod ddiwedd y pnawn, ychydig cyn i'r gloch ganu. Roedd Twm wrth ei fodd ac yn ysu am gael dweud wrth ei dad. Rhedodd yr holl ffordd adref, i fyny'r allt serth. Cyrhaeddodd y tŷ â'i wynt yn ei ddwrn. Prin y gallai ddweud ei newyddion.

'Dwi'n un o'r rhai sydd yn cael cynrychioli'r ysgol ar y rhaglen deledu yng Nghaerdydd!'

Pan fydd yn rhaid i rywun frysio,
Â gwynt yn ei ddwrn y bydd yn rhuthro.

Cadw'r ddysgl yn wastad

Roedd nain Anna wedi bod ar ei gwyliau ac wedi dod â chôt newydd, ffasiynol iawn yn anrheg i Catrin, ei chwaer. Edmygodd Anna'r gôt ond roedd wedi synnu nad oedd anrheg iddi hithau hefyd.

Sylwodd ei nain ar ei hwyneb siomedig a thynnu pecyn bychan allan o'i phoced. 'Dyma dy anrheg di, Anna. Dwi'n gobeithio mai dyna'r clustdlysau roedd ti eu hisio.'

Chwarddodd ei nain wrth weld ei hwyneb yn newid.

'Fyswn i byth yn dod ag anrheg i Catrin a dim i ti! Dwi'n credu mewn cadw'r ddysgl yn wastad.'

Lle bo anrheg, lle bo cariad,
Doeth yw cadw'r ddysgl yn wastad.

Y dall yn arwain y dall

Nid oedd taid Siwan yn un da iawn gyda chyfrifiaduron.
Roedd nain Siwan yn ceisio'i ddysgu sut i anfon e-bost.
Gan fod Siwan am weld diwedd y rhaglen ar y teledu aeth
hi ddim i fusnesa.

'Be sy'n digwydd yn fan'ma?' gofynnodd ei thad pan
gyrhaeddodd adref.

'Nain yn dysgu Taid sut i yrru e-bost,' atebodd Siwan,
heb dynnu ei llygaid oddi ar y teledu.

'Ond tydi dy Nain ddim yn gwybod sut i neud chwaith!
Y dall yn arwain y dall ydi hynna.'

Rhaid deall cyn rhoi bys mewn potes,
Neu'r dall yn arwain y dall yw'r hanes.

Unwaith yn y pedwar amser

'Oes gan Mrs Rees blant neu rywun yn perthyn iddi hi?'
Roedd Tegwen yn poeni am yr hen wraig oedd yn byw yng
ngwaelod y stryd. Roedd hi'n poeni ei bod yn unig.

'Mae ganddi un ferch,' atebodd ei mam, 'ond anaml iawn
mae hi'n ei gweld hi. Dim ond unwaith yn y pedwar amser
mae hi'n dod draw i weld ei mam.'

'Bechod, 'de,' meddai Tegwen, gan benderfynu y byddai
hi'n dod i weld ei mam yn aml iawn pan fyddai wedi tyfu
i fyny a'i mam yn hen wraig.

Pryd y daw'r gwynt oer o'r aber?
Unwaith yn y pedwar amser.

Gwynt teg ar ei ôl

'Mi fydd hi'n chwith iawn i'r ysgol hebddo fo.'

'Gobeithio y cawn ni rywun cystal.'

Roedd pawb yn trafod y ffaith fod prifathro ysgol y pentref yn gadael. Doedd mam Elis, yn wahanol i bawb arall, ddim yn hoff o'r prifathro, a doedd ganddi ddim ofn dweud ei barn.

'Wel, gwynt teg ar ei ôl o, dduda i. Mi fydda i'n falch o'i weld o'n mynd.' A gafaelodd yn llaw Elis a cherdded oddi wrth y rhieni eraill.

Mae'r pennaeth yn od, mae'r pennaeth yn ffôl,
Pan fydd wedi mynd – gwynt teg ar ei ôl!

Yn dywyll fel bol buwch

Y diwrnod yr oedd problem gyda'r cyflenwad trydan roedd
Bleddyn a'i deulu wedi treulio'r gyda'r nos yn chwarae
cardiau yng ngolau cannwyll. Ond, yn sydyn, daeth chwa
o wynt o rywle a diffodd y canhwyllau. Doedd dim llygedyn
o olau yn yr ystafell wedyn. Gallai Bleddyn glywed ei fam yn
symud o gwmpas yn araf ac yn taro yn erbyn pethau.

'Bleddyn, wyt ti'n cofio lle rois i'r matshys. Dwi ddim yn
gallu gweld dim byd, mae'n dywyll fel bol buwch yma.'

'Yn dy boced,' atebodd Bleddyn.

> Nos heb gannwyll a'i phrydferthwch –
> Fel bol buwch y mae'r tywyllwch.

Pwyso a mesur

Roedd mam Morgan wedi treulio awr ar y cyfrifiadur yn
edrych ar fanylion tai ar werth.

'Ydan ni'n gorfod symud, Mam?'

'Ydan, Morgan. Nid rhyw benderfyniad sydyn ydi hwn.
Mae dy dad a finnau wedi ystyried y peth yn ofalus, wedi
pwyso a mesur popeth, ac wedi penderfynu. Mae 'na lawer
o resymau da dros symud i'r dre, 'sti.'

Gwgodd Morgan.

'Yli,' meddai ei fam, 'mi fyddai'n bosib i ti gerdded i'r pwll
nofio o'r tŷ newydd.'

Rhaid pwyso a mesur yn bur ofalus
Cyn gwneud penderfyniad sydd dipyn yn fentrus.

Bwrw'r Sul

Roedd Deio yn edrych ymlaen yn arw at glywed cloch yr ysgol yn canu bnawn dydd Gwener. Gwyddai y byddai ei rieni yn y car wrth y giât gan eu bod i gyd yn mynd i fwrw'r Sul yn nhŷ ei gefnder yn Llundain. Dau ddiwrnod cyfan yn y ddinas fawr cyn dod adref mewn pryd i fod yn yr ysgol ddydd Llun!

Edrychodd eto ar y cloc ar y wal. Doedd y bysedd yn symud dim!

Bwrw'r wythnos faith yn gweithio,
Bwrw'r Sul yn jolihoetio!

Dros ben llestri

Gadawyd y plant hynaf yn yr ystafell ddosbarth ar eu pennau eu hunain am ychydig. Ifan ddechreuodd drwy symud un llyfr roedd yn gwybod y byddai'r athro ei angen i silff arall. Roedd poster ar y wal wrth ymyl Mari ac yn ofalus iawn tynnodd ef i lawr a'i ailosod â'i ben i waered. Tynnodd Jac yr holl bensiliau o'r bocs pensiliau a'u gosod yn y fasged sisyrnau. Erbyn i Mr Gwyn ddychwelyd roedd bron popeth yn y dosbarth wedi'i symud.

Chwarddodd pan sylwodd ar y poster, ond wrth iddo ddeall fod bron popeth wedi'i symud roedd yn flin. 'Mae jôc fach yn iawn, blant, ond dach chi wedi mynd dros ben llestri!'

Ychydig bach o raff i Mari
Ac aiff honno dros ben llestri.

Gwyn y gwêl y frân ei chyw

'Un annwyl ydi'n Deiniol ni. Hogyn bach clên sy'n edrych ar ôl plant eraill yn yr ysgol.'

Cododd y wraig oedd yn brolio'i mab a gadael y bws.

'Pwy oedd honna?' gofynnodd tad Meilir iddo.

'Mam Deiniol Puw,' atebodd Meilir. 'Hen fwli brwnt ydi o. Mi oeddwn i isio dweud wrthi, ond fysa hi ddim yn gwrando.'

'Na fysa siŵr, Meilir.' Gwenodd ei dad. 'Hi ydi ei fam o. Gwyn y gwêl y frân ei chyw.'

> Er mor ddu yw'r frân, gwir yw:
> Gwyn y gwêl y frân ei chyw.

Siarad fel melin bupur

Roedd pump ohonyn nhw yn y car yn teithio i'r sinema i ddathlu pen-blwydd Cefin. Ond dim ond un llais oedd i'w glywed yr holl ffordd yna a'r holl ffordd adref, a hyd yn oed yn sibrwd drwy gydol y ffilm. Ar ôl mynd â'r plant i gyd i'w cartrefi a chyrraedd adref, gwnaeth tad Cefin baned o goffi cryf iddo'i hun a mynd i eistedd efo'i wraig.

'Mae Hefin, ffrind Cefin, yn siarad fel melin bupur. Wnaeth o ddim stopio am bedair awr, ddim am eiliad!' meddai.

Melin bupur yw wrth siarad –
Ddim yn cau ei geg am eiliad!

Main fel rhaca

Roedd mam Iwan yn sefyll ar y glorian bob dydd, roedd hi'n nodi ei phwysau ar galendr y gegin bob dydd, ac roedd hi a'i ffrind yn mynd i'r clwb colli pwysau bob wythnos.

Gyda'r nos, roedd hi'n cael salad bychan tra oedd Iwan a'i dad yn bwyta llond plât o sglodion a chig ac yn cael pwdin wedyn.

'Dwi ddim yn deall,' meddai. 'Dwi'n dal yn grwn ac mi ydach chi'ch dau yn fain fel rhaca!'

> Ambell un sy'n fain fel rhaca –
> Er ei fod yn hoff o fwyta.

Calon yn fy ngwddw

Cerddai Awel adref ar ei phen ei hun. Roedd hi'n dechrau tywyllu a doedd hi ddim yn gwybod bod ei brawd a'i ffrind wedi cuddio y tu ôl i'r wal. Wrth iddi basio neidiodd y ddau i fyny gan weiddi. Dychrynodd Awel am ei bywyd.

'Peidiwch byth â gwneud hynna eto!' gwaeddodd. 'Roedd fy nghalon yn fy ngwddw!'

Yn y fynwent, clywais dwrw –
Roedd fy nghalon yn fy ngwddw . . .

Taro'r hoelen ar ei phen

Bu rhieni Non yn trafod am amser hir, yn ceisio penderfynu beth oedd y broblem. Nid oedd neb yn deall pam roedd Meilir, ei brawd bach pedair oed, wedi penderfynu mwyaf sydyn nad oedd am fynd i'r ysgol. Roedd wedi mwynhau ei fisoedd cyntaf yn yr ysgol cymaint ond rŵan roedd yn crio bob bore, ddim eisiau gadael y tŷ.

'Sgen ti syniad, Non?'

'Nid ofn yr ysgol sydd ganddo,' atebodd Non, 'ond ofn cerdded heibio'r ci mawr yna sydd yn byw yn Nhŷ'n Lôn.'

'Dwi'n meddwl dy fod ti'n hollol iawn,' meddai ei thad. 'Rwyt ti wedi taro'r hoelen ar ei phen.'

Hir ddyfalu – a nefi wen:
Taro'r hoelen ar ei phen!

Cael dau ben llinyn ynghyd

Pan ddaeth Trystan adref o'r ysgol roedd ei fam ac Anti Mair drws nesa wrth fwrdd y gegin yn cael paned ac yn edrych yn ddifrifol iawn. Wrth iddo wneud diod o oren a bwyta paced o greision roedd yn gwrando ar eu sgwrs.

'A rŵan dwi wedi colli fy ngwaith,' meddai Anti Mair, 'fe fydd hi'n anodd iawn fforddio popeth. Dwn i ddim sut y cawn ni ddau ben llinyn ynghyd.'

Wrth glywed hyn, sylweddolodd Trystan pam nad oedd Cynan, mab Anti Mair, wedi dod i'r sinema efo nhw – doedd ganddyn nhw ddim digon o arian.

Teulu heb gyflog, a phopeth mor ddrud:
Mor anodd yw cael dau ben llinyn ynghyd.

Rhedeg nerth ei draed

'Pryd mae'r bws yn mynd i'r dref?'

Edrychodd mam Dafydd ar y cloc. 'Mewn ychydig funudau, Dafydd.'

Edrychodd y ddau ohonyn nhw allan drwy'r ffenest a gweld y bws yn dod i lawr y rhiw tuag at y pentref.

'Os gwnei di frysio, efallai y gelli di ei ddal.'

Cipiodd Dafydd ei gôt a rhedeg nerth ei draed ar hyd y stryd tuag at yr arhosfan. Cyrhaeddodd eiliadau cyn i'r bws gyrraedd.

Dy galon fydd yn pwmpio'r gwaed
Wrth iti redeg nerth dy draed.

Gwell hwyr na hwyrach

'Faint o'r gloch oedd Nain i fod yma?' holodd Rhodri.

'Chwarter awr yn ôl,' atebodd ei dad.

Roedd y ddau'n eistedd yn y caffi lle roedden nhw wedi trefnu i'w chyfarfod hanner awr yn ôl, ac roedd y ddau'n dechrau poeni. Fe gyrhaeddodd hi yn y diwedd, yn llawn ffwdan ac yn ymddiheuro'n llaes.

'Peidiwch â phoeni,' meddai Rhodri, 'rydan ni'n falch eich bod chi yma rŵan.'

'Ydan wir, gwell hwyr na hwyrach,' ychwanegodd ei dad.

Gwell hwyr na hwyrach ddywedodd y dyn
Wrth dderbyn ddydd Mercher ei bapur dydd Llun.

Heb siw na miw

Roedd Megan wedi bod yn nhŷ ei nain drwy'r dydd gan fod ei mam yn gweithio.

Pan alwodd ei mam amdani, dywedodd ei nain, 'Dwi'n gobeithio'i bod hi'n dal yma. Mae hi wedi bod yn chwarae'n ddistaw yn yr ardd drwy'r dydd. Dwi heb glywed siw na miw oddi wrthi ers oriau.'

'Mae hi'n hollol wahanol adref,' chwarddodd ei mam, 'mae hi'n gwneud digon o sŵn yn fan'no!'

Mae'r plantos adref dan ddos o'r ffliw,
Pob un yn ei wely, heb na siw na miw.

Llaesu dwylo

Roedd gardd y tŷ newydd yn flêr iawn ac yn llawn chwyn a drain. Bu'r teulu i gyd wrthi'n brysur drwy'r dydd yn ei chlirio.

'Wel, dwi'n meddwl eich bod chi i gyd yn haeddu mynd allan i gael pryd o fwyd,' meddai tad Elfed. Ond yna ychwanegodd, 'Cofiwch fod rhaid i ni ddal ati a gweithio yr un mor galed fory hefyd. Mae'n bwysig nad ydan ni'n llaesu dwylo.'

Bwrw iddi yn ddiflino,
Gwneud y gwaith heb laesu dwylo.

Fel cath i gythraul

Roedd Gwenno newydd basio'i phrawf gyrru ac wedi cael
benthyg car ei mam. Roedd yn gar pwerus, a chafodd
rybudd i yrru'n araf. Pan ddaeth yn ôl, roedd ei mam yn
aros amdani.

'Paid â gofyn am gael benthyg y car eto am dipyn,
Gwenno. Mae yna ddau berson wedi fy ffonio i ddweud dy
fod yn gyrru fel cath i gythraul drwy'r pentref! A finna wedi
dy rybuddio i yrru'n araf.'

Dyma wibiwr penna'r ardal:
Mae hi'n mynd fel cath i gythra'l.

Lladd ar

Doedd gan Angharad ddim dewis ond gwrando ar y wraig oedd yn eistedd wrth ei hochr yn ystafell aros y deintydd. Gwrandawodd arni'n cwyno bod prifathro'r ysgol yn ddiog, ei mab yn ddigywilydd, y deintydd yn ddrud, cyflwynwyr ar y radio yn wirion a bod caffi'r pentref yn gwneud bwyd gwael.

Roedd Angharad yn falch o glywed y deintydd yn galw ei henw er mwyn cael peidio gwrando arni yn lladd ar bawb a phopeth.

Lladd ar bawb sy'n creu gelynion;
Lladd ar bopeth – byw'n ddigalon.

Fel ci efo dwy gynffon

Edrychodd Elin ar y llythyr am amser hir cyn ei agor.
Darllenodd y ddwy frawddeg gyntaf a dechrau gwenu.

'Mam, Mam,' gwaeddodd, 'dwi wedi cael fy nerbyn i'r
coleg yng Nghaerdydd!'

Daeth ei mam ati a'i chofleidio. 'Da iawn ti. Wyt ti'n hapus
rŵan?'

'Hapus? Dwi'n eithriadol o hapus. Dwi fel ci efo dwy
gynffon.'

Fore Nadolig, wrth wagio'r hosan,
Ci dwy gynffon ydi Iwan.

Mae hi'n gafael

Roedd pibonwy hirion yn crogi o'r bondo a bu bron i Eleri lithro ar y rhew ar y ffordd i'r ysgol. Roedd hi'n falch iawn ei bod wedi gwisgo'i bŵts newydd, cynnes a hyd yn oed yn falch fod ei mam wedi mynnu ei bod yn rhoi sgarff a menig amdani.

'Mae hi'n oer iawn, Mr Lloyd,' meddai wrth y gofalwr a oedd wrthi'n taenu halen ar y buarth.

'Yndi, Eleri fach,' atebodd yntau, a blaen ei drwyn yn biws gan oerfel, 'mae hi'n gafael heddiw.'

Rhew a barrug yn y gaeaf –
Mae hi'n gafael hyd yr eithaf.

Ar bigau'r drain

'Ti'n meddwl y dôn nhw, Mam?'

Cododd Fflur heb aros am ateb a mynd i frwsio'i gwallt unwaith eto. Yna, aeth i newid ei chrys am y pedwerydd tro cyn mynd yn ôl at ei mam. 'Be tasen nhw'n methu dod? Mae'n dweud ar y radio fod yna eira mawr yn yr Alban.' Aeth i edrych allan drwy'r ffenest unwaith eto ond doedd dim golwg o neb.

O'r diwedd, roedd ei modryb a'i chyfnitheroedd o'r Alban wedi cyrraedd.

'Diolch byth eich bod chi yma,' meddai ei mam, 'mae Fflur wedi bod ar bigau'r drain drwy'r bore.'

> Lle'n y byd mae rhywun annwyl? –
> Pawb ar bigau'r drain yn disgwyl.

Llond ei groen

Pan ddaeth adref o'r ysbyty, roedd Gwion yn eithriadol o denau. Bu'n wael am fisoedd ac roedd wedi colli llawer iawn o bwysau. Ond ymhen ychydig roedd wedi cryfhau ac yn edrych yn well. Gan fod ei ewythr yn byw yn Ffrainc, nid oedd hwnnw wedi'i weld ers y diwrnod y daeth adref o'r ysbyty.

'Wel, Gwion bach,' meddai, 'ti'n edrych yn well. Mi oeddat ti wedi mynd mor denau. Mae'n braf iawn dy weld ti yn llond dy groen eto.'

Gwenodd Gwion a rhoi mwy o sglodion ar ei blât.

Wedi'r driniaeth, wedi'r boen,
Fe fydd eto'n llond ei groen.

Taw piau hi

Gallai Wil weld bod Ceri, ei ffrind, yn gwylltio ac yn mynd yn fwy a mwy blin. Roedd cyhuddiadau'r bechgyn eraill yn eu herbyn yn hollol annheg ac roedd yn amlwg fod Ceri eisiau torri ar eu traws a dadlau â nhw. Teimlai Wil na fyddai hynny'n syniad doeth.

'Paid â dweud dim byd,' sibrydodd wrth Ceri. 'Taw piau hi, am rŵan.'

Gan eu bod yn cael llonydd i ddal ati i siarad, aeth y bechgyn eraill yn eu blaenau i ddweud mwy a mwy o bethau cas a gwrth-ddweud ei gilydd yn llwyr. Sylweddolodd yr athro eu bod yn dweud celwydd.

'Ti'n gweld,' meddai Wil wrth adael yr ystafell, 'taw piau hi weithiau.'

Taw piau hi weithiau
I'r gwir ddod i'r golau.

Fel huddyg i botes

'Dwi heb weld Anwen ers tipyn,' meddai Tom.

'Mae'n siŵr o alw rywbryd,' atebodd ei wraig. 'Ti'n gwybod sut mae hi – er ei bod yn byw ymhell tydi hi byth yn ffonio cyn dod draw, dim ond cyrraedd yma fel huddyg i botes.'

A chyn diwedd yr wythnos daeth cnoc ar y drws ac roedd Anwen yno, a'r ddau yn falch iawn o'i gweld er nad oedden nhw'n ei disgwyl.

Mae'n wir gymwynasgar a'i chalon yn gynnes
Ond yn glanio ym mhobman fel huddyg i botes.

Tri chynnig i Gymro

Anelodd Llywelyn y bêl at y cylch pêl-fasged roedd ei dad wedi'i osod ar dalcen y tŷ. Methodd. Aeth i nôl y bêl o ganol y rhosod a thrio eto. A methu eto.

'Dwi ddim yn gallu gwneud hyn!' meddai'n flin.

'Tria un waith eto,' awgrymodd ei frawd mawr. 'Tri chynnig i Gymro.'

Ac ar y trydydd cynnig fe aeth y bêl yn dwt drwy'r cylch.

Er ichi fethu, a methu yr eildro,
Cofiwch bob amser: 'Tri chynnig i Gymro'.

Dan y fawd

Roedd Dylan a'i dad yn yr ardd gefn ac yn gallu clywed eu cymdogion yn siarad. Llais Mrs Williams oedd i'w glywed drwy'r adeg.

'Dos i nôl diod oer i mi.'

'Mae angen torri'r gwrych.'

'Dwi isio i ti dacluso'r tŷ gwydr, cariad.'

'Rhaid i ti fynd â'r ci am dro cyn cinio.'

Trodd Dylan at ei dad. 'Mae Mr Williams yn gorfod gwneud popeth mae hi'n ddweud wrtho, yn tydi?'

Gwenodd ei dad, 'Yndi. Mae'r creadur dan y fawd go iawn, Dylan.'

Mwya'r piti, mae'n destun gwawd:
Y mae'r creadur o dan y fawd!

Fel llo cors

Roedd Mrs Daniels yn trio'i gorau i fod yn amyneddgar efo Robin, ond doedd hwnnw ddim fel pe bai'n deall. Esboniodd Mrs Daniels unwaith eto sut oedd hi am i'r tuniau gael eu gosod ar silff ei siop. Ond pan ddaeth yn ôl ymhen rhyw awr roedd y tuniau wedi'u gosod blith draphlith, heb fath o drefn.

Gwylltiodd Mrs Daniels.

'Robin, mi wyt ti'n ddwl! Ti'n dwp iawn, ti fel llo cors!'

Edrychodd Robin arni'n syn.

Golau'n y llofft ond neb yn y tŷ:
Llo cors, cnoc-y-dorth a cheg llyncu pry!

Cannwyll llygad

Roedd Dora Tudur wedi gwneud popeth i'w mab erioed.
Ganddo fo roedd y dillad gorau yn yr ysgol feithrin, a
wnaeth hi erioed wneud iddo gerdded i'r ysgol drwy'r glaw.
Pan ddechreuodd yn yr ysgol uwchradd roedd yn gwneud
yn siŵr ei fod yn cael mynd ar bob trip, er nad oedd ganddi
lawer o arian. Os byddai rhywun yn awgrymu ei bod yn
difetha'i mab, byddai'n gwenu ac yn dweud mai fo oedd y
peth pwysicaf yn ei bywyd, mai fo oedd cannwyll ei llygad.

Rhowch iddo'r gorau, yn fwyd ac yn ddillad:
Hwn yw fy mab, hwn yw cannwyll fy llygad.

O'i gorun i'w sawdl

Roedd mam Einir wedi gofyn iddi warchod ei brawd bach
am hanner awr. Dim ond tair oed oedd Geraint ac fe
benderfynodd Einir fynd â fo am dro ar draws y cae i dŷ
ei ffrind. Syrthiodd Geraint sawl gwaith a chyn iddyn nhw
gyrraedd tŷ ei ffrind roedd pob tamaid ohono wedi'i
orchuddio â mwd a thail gwartheg. Trodd Einir am adref.
'Ty'd, Geraint,' meddai, 'fedra i ddim mynd â ti i dŷ neb yn
faw o dy gorun i dy sawdl.'

Mae'n stompiwr, mae'n boetsiwr, mae'n faeddwr di-ail –
O'i gorun i'w sawdl mae'n drewi o dail!

Llygad barcud

'Mi gei di un cyfle arall, ond fe fydda i'n cadw llygad barcud arnat ti am weddill y tymor.'

Diolchodd Seimon nad oedd mewn mwy o helynt. Roedd yr athro newydd wedi'i ddal yn twyllo mewn prawf ac yn bwlio un o'r plant iau. Fe fyddai'n rhaid iddo fod yn ofalus iawn rŵan gan y byddai hwn yn gwylio popeth yr oedd yn ei wneud ac yn sylwi ar y pethau lleiaf.

Er mwyn gweld pob dim bob munud,
Rhaid i rai gael llygad barcud.

Ar flaenau'i fysedd

Nid oedd Donna yn edrych ymlaen at wneud ei gwaith cartref yn nhŷ ei thaid. Roedd hi angen darganfod llawer o ffeithiau am yr Ail Ryfel Byd ac am y gwahanol fathau o goed sy'n tyfu yng Nghymru, a doedd dim cyfrifiadur yn nhŷ ei thaid.

Ond pan alwodd ei thad i'w nôl roedd hi'n gwenu.

'Dad,' meddai, 'mae Taid yn wych. Mae o cystal â Google. Mae'r holl ffeithiau roeddwn i eu hangen ganddo ar flaenau'i fysedd. Doedd dim rhaid i mi edrych mewn llyfr hyd yn oed.'

Heb Google, heb lyfrgell, heb gymorth ffrindiau,
Ar flaenau'i fysedd y mae'r holl ffeithiau.

Cymryd y goes

'Pwy wnaeth hyn?'

Trodd yr holl blant ar y buarth tuag at yr athro blin ac yna edrych ar y potiau blodau oedd wedi bod yn llawn cennin Pedr ond a oedd bellach yn cynnwys dim byd ond pridd.

'Steffan Parri,' meddai pawb fel côr.

'Lle mae o?'

'Mae o wedi cymryd y goes, syr,' meddai un llais bach, a throdd pawb i edrych ar Steffan Parri yn diflannu o'r golwg ar waelod y stryd a llond ei freichiau o flodau melyn.

Ôl llwy yn y pwdin, ôl bys yn y toes:
Callach ar brydiau yw cymryd y goes.

Gwneud môr a mynydd

O wrando ar Delyth Wyn yn siarad fe fyddai rhywun yn meddwl bod yna rywbeth mawr o'i le. Roedd yn swnio fel petai'n ddiwedd y byd.

Ar ôl gwrando arni am bron i hanner awr, gwylltiodd ei chwaer.

'Delyth, dim ond wedi anghofio rhoi wyau yn y gacen wyt ti. Does dim angen i ti wneud môr a mynydd o'r peth.'

Y rheiny ohonom sy'n berchen fwyaf
Wna fôr a mynydd o'r pethau lleiaf.

Troi fel cwpan mewn dŵr

Ddechrau'r wythnos roedd Nia wedi dweud yn bendant ei bod am fynd efo Llion i'r cyngerdd. Erbyn ddoe roedd wedi penderfynu aros adref. Bore heddiw fe yrrodd neges ato yn dweud ei bod yn bwriadu dod wedi'r cwbwl.

Ond roedd Llion wedi penderfynu. 'Dwi wedi cael digon,' meddai wrthi. 'Rwyt ti fel cwpan mewn dŵr. Dwi wedi prynu tocynnau i Bryn a finnau – roedd o am ddod o'r dechrau a tydi o ddim yn newid ei feddwl bob dau funud.'

Ansicr, efallai, neu ddim cweit yn siŵr,
Yw'r meddwl sy'n troi fel cwpan mewn dŵr.

Nôl dŵr dros afon

Roedd tad Menna wedi prynu anrheg ben-blwydd i'w wraig mewn oriel gelf ym Manceinion. Pan welodd hithau'r llun hardd o gi defaid roedd wrth ei bodd, ond yna dechreuodd chwerthin.

'Wnest ti 'rioed fynd yr holl ffordd i Fanceinion i brynu hwn? Un o luniau Catrin Wyn ydi o, ac mae hi'n gwerthu ei lluniau yn yr oriel fechan sydd ganddi yn ei thŷ ddwy filltir i ffwrdd. Wel, dyna nôl dŵr dros afon os bu erioed.'

Fel cario castell i dre Caernarfon
Yw llenwi bwced, nôl dŵr dros afon.

Hollti blew

Roedd Alys am beintio'r gegin ac wedi gweld yr union liw mewn cylchgrawn. Ysgrifennodd fanylion y paent ar ddarn o bapur a gofyn i'w brawd ei nôl gan ei fod yn mynd i'r dref. Pan ddaeth yn ei ôl, doedd hi ddim yn hapus.

'*Awyr Las* ydi enw'r paent yna, *Glas y Nen* oedd yr enw wnes ei sgwennu ar y papur.'

'Paid â hollti blew,' meddai yntau. 'Glas ydi glas.'

'Dwi ddim yn hollti blew,' meddai Alys yn flin. 'Mae yna wahaniaeth mawr rhwng y ddau liw.'

Bu'n rhaid i'w brawd fynd â'r paent yn ôl a'i newid.

Y brwsh yn rhy denau neu falle'n rhy dew,
Neu ydan ni eto yn hollti blew?

Codi'r ochr chwith i'r gwely

Roedd Enfys wedi bod yn flin efo pawb drwy'r dydd. Roedd pethau bychain yn ei phoeni ac roedd hi'n fyr ei hamynedd efo pawb, o'r plant i'r ci.

'Be sy'n dy boeni di heddiw?' holodd ei gŵr amser swper.

'Dim byd. Mae'n ddrwg gen i, dwi wedi bod yn flin efo chi gyd drwy'r dydd, yn do? Ond does yna ddim rheswm am hynny, wedi codi'r ochr chwith i'r gwely ydw i, mae'n rhaid.'

Gwell aros ynddo, smalio cysgu,
Na chodi'r ochr chwith i'r gwely.

Y geiniog yn disgyn

Ceisiodd athrawes Iwan esbonio am y drydedd waith.
'Wyt ti'n deall rŵan?'

Ysgydwodd Iwan ei ben. Doedd dim cysylltiad rhwng ei geiriau a'r rhifau ar y papur. Tynnodd yr athrawes lun o fasgedi siopa. Gwgodd Iwan wrth gael ei drin fel plentyn bach, ond doedd o'n dal ddim yn deall.

Daeth Gwenan i'w achub.

'Iwan,' meddai, 'rwyt ti yn y siop chwaraeon heb ddigon o arian i brynu'r cit cyfan. Rwyt ti angen gwybod faint o arian sydd raid i ti ei fenthyg gan dy frawd.'

Gwenodd Iwan wrth sylweddoli pa mor syml oedd y cwestiwn.

'Diolch, Gwenan,' meddai'r athrawes, 'O'r diwedd mae'r geiniog wedi disgyn.'

Gwelodd y golau wedi disgwyl cryn dipyn –
Roedd hi'n hen bryd gweld y geiniog 'na'n disgyn.

Tynnu'r ewinedd o'r blew

Roedd hi'n brynhawn Sul gwlyb a gorweddai Anna a'i mam
ar y soffa'n gwylio operâu sebon a bwyta bisgedi.
Rhyngddynt roedd Modlen y gath yn canu grwndi a'i llygaid
wedi cau.

Daeth un rhaglen i ben a chododd mam Anna ar ei
thraed.

'Wyt ti ddim am wylio'r rhaglen nesa?' gofynnodd ei merch.

'Na, mae'n hen bryd i mi dynnu'r ewinedd o'r blew,
a mynd i neud rhywbeth. Mi gewch chi'ch dwy ddiogi yn
fan'na.'

Er siarad am waith, pawb yn dweud ei ddweud,
Rhaid tynnu'r ewinedd o'r blew – yna'i wneud.

Ei lygad yn fwy na'i fol

Doedd Arwel ddim isio mynd i'r briodas ddiflas efo'i rieni.
Ond cododd ei galon pan welodd y bwyd yn y gwesty –
bwrdd hir, hir a phob llestr arno yn cynnwys rhywbeth
gwahanol. Cerddodd yn araf hebio'r bwrdd gan lwytho'i
blât. Prin y gallai ei gario heb golli rhywbeth.

   Awr yn ddiweddarach, roedd hanner y bwyd yn dal ar
ei blât ac Arwel yn methu bwyta cegaid arall.

   'Dy lygad yn fwy na dy fol, Arwel?' meddai ei ewythr wrth
basio.

Mae'n llwytho'r hambyrgyrs o'i flaen mewn barbeciw:
Mae'r llygad yn fwy na'r bol yma heddiw.

I mewn drwy un glust ac allan drwy'r llall

Roedd rhieni Gwion yn cwyno byth a beunydd nad oedd o'n gwrando arnyn nhw.

'Waeth i mi siarad efo'r wal ddim,' meddai ei dad.

'I mewn drwy un glust ac allan drwy'r llall,' ychwanegodd ei fam.

Ond bore ddoe roedd mam Gwion wedi anghofio popeth fod Gwion wedi trefnu i fynd i'r traeth gyda'i gefnder.

'Dwi wedi dweud wrthoch chi dwn i ddim faint o weithiau,' meddai Gwion gan chwerthin. 'I mewn drwy un glust ac allan drwy'r llall!'

Mae'i phen yn y gwynt, aiff pob cyngor call
I mewn drwy un glust ac allan drwy'r llall.

Fel llinyn trôns

Bob tro y byddai'r bêl yn cael ei chicio dros y ffens i faes parcio'r ffatri roedd y bechgyn eraill yn galw ar Dafydd. Roedd bwlch cul, cul yn y ffens, a Dafydd oedd yr unig un allai wasgu drwyddo i nôl y bêl. Roedd y gweddill yn rhy dew.

'Dach chi'n lwcus mod i'n denau fel llinyn trôns,' meddai gan ei nôl hi am y drydedd waith y bore hwnnw.

Llinyn trôns neu beidio – weithiau
Mae hi'n fantais bod yn ddenau.

Yr hwch yn mynd drwy'r siop

Roedd tad Marc wedi dechrau busnes newydd – busnes golchi ffenestri. Byddai rhai pobl yn talu'n syth, ond roedd eraill yn gwneud esgusodion. Roedd tad Marc yn ddyn clên a thawel iawn a doedd o ddim yn hoffi creu helynt. Er ei fod yn gweithio'n galed, ychydig iawn o arian roedd o'n ei dderbyn bob wythnos, ac yn fuan iawn roedd yr hwch wedi mynd drwy'r siop a'r busnes wedi methu.

Methu'n lân â chael eich talu? –
Mae'r hwch yn nrws y siop bryd hynny.

Traed moch

Dim ond am wythnos yr aeth Siw, ysgrifenyddes yr ysgol,
ar ei gwyliau. Ond pan ddaeth yn ôl roedd rhaid iddi hi
ddelio ag un broblem ar ôl y llall. Roedd pob math o bethau
wedi mynd o'i le tra oedd hi i ffwrdd, ac roedd ei swyddfa
drefnus yn anniben iawn. Erbyn diwedd y pnawn roedd
popeth wedi'i ddatrys a'r swyddfa'n daclus unwaith eto.

'O, Siw,' meddai Miss Morris, y dirprwy, 'dwi mor falch dy
fod ti 'nôl. Roedd pethau'n draed moch yma pan oeddet ti ar
dy wyliau.'

Papurau'n pentyrru, problemau'n un chwysfa:
Mae pethau'n draed moch heb drefn yn y swyddfa.

Y drwg yn y caws

Roedd tîm pêl-droed dan 12 oed Llanunlle wedi bod yn dîm da drwy'r tymor. Roedd pawb yn dod i bob ymarfer ac ychydig iawn o gêmau roedden nhw wedi'u colli. Ond yna, fe newidiodd pethau – roedd rhai'n anghofio'i bod yn noson ymarfer, neu'n cynnig rhyw esgus i Gari, y rheolwr, pam roedd yn rhaid iddyn nhw adael yn gynnar.

Sylweddolodd Gari fod hyn wedi dechrau ar ôl i Marc ymuno â'r tîm, ond doedd ganddo ddim prawf mai fo oedd y dylanwad drwg ar y plant eraill. Yna, symudodd Marc i ffwrdd i fyw a mwyaf sydyn roedd pawb yn dod i bob ymarfer unwaith eto.

'Mi oeddwn i'n iawn,' meddai Gari wrth ei wraig. 'Marc oedd y drwg yn y caws.'

Mae rhywbeth mewn cwpwrdd yn drewi ers meitin –
A'r drwg yn y caws ydi'r caws yn y gegin.

Â'i ben yn y gwynt

'Wyt ti wedi dweud wrtho fo?'

'Do.'

'Wyt ti'n meddwl y bydd o'n cofio?'

'Nag ydw. Mae o â'i ben yn y gwynt yr wythnos yma.'

Ac yn wir, pan ddaeth Arwel adref o'r ysgol, doedd o'n cofio dim fod ei fam wedi dweud wrtho am alw yn nhŷ ei nain i nôl y llyfr coginio.

Mae'i ben yn y gwynt, aiff pob cyngor call
I mewn drwy un glust ac allan drwy'r llall.

Asgwrn i'w grafu

Cyfrifoldeb Ynyr oedd rhoi bwyd i'r ddau fochyn cwta.
Roedd wedi cytuno i wneud hyn pan brynwyd yr anifeiliaid.
Ond, bob bore, byddai'n mynd i'r ysgol heb wneud hynny,
a byddai'n rhaid i Annes, ei chwaer fawr, eu bwydo. Ar ôl
mis o wneud hyn, roedd Annes wedi cael llond bol.
Penderfynodd y byddai'n rhaid iddi esbonio wrth Ynyr nad
oedd hi'n hapus efo'r sefyllfa.

   'Ty'd yma,' meddai un diwrnod pan ddaeth Ynyr adref
o'r ysgol, 'mae gen i asgwrn i'w grafu efo chdi.'

      Gwaith esgeulus? Tor-addewid?
      Crafu asgwrn fydd o'u plegid.

Gwalch bach

'Y coblyn, y mwnci drwg, y cena, y gwalch bach!'
gwaeddodd Mr Davies wrth i Jim redeg oddi wrtho ar
draws y cae. 'Does yna ddim digon o eiriau i dy ddisgrifio
di!'

Chwarddodd Jim wrth weld Mr Davies yn mynd yn fwy
a mwy blin. Ceisiodd feddwl pa dric fyddai'n ei chwarae
yr wythnos nesaf wrth basio tŷ Mr Davies.

Mae peli'r coed Dolig 'hyd lawr byth a beunydd
A'r gwalch bach drwg ydi'r gath fach newydd.

Brith gof

Roedd Cerys a'i mam yn edrych drwy albwm o hen luniau
oedd wedi dod o dŷ nain Cerys. Roedd hi'n holi pwy oedd
pawb yn y lluniau. Daethant at lun o ddwy wraig a merch
fach a merlen.

'Pwy ydi'r rhain, Mam?'

'Fi ydi'r ferch fach,' atebodd ei mam. 'A dyna dy nain. Mae
gen i ryw frith gof o'r diwrnod yna. Dwi ddim yn cofio enw'r
wraig arall, nac enw'r ferlen. Ond mi ydw i'n cofio mod
i wedi cael mynd ar gefn y ferlen. A dwi'n cofio'i bod hi wedi
bwrw glaw ar y ffordd adref. Ond dyna'r cwbl dwi'n ei
gofio.'

Drwy niwl y gorffennol, wrth edrych ar luniau,
Dim ond rhyw frith gof sydd ar ôl o'r hen ddyddiau.

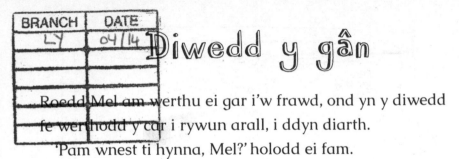

Diwedd y gân

Roedd Mel am werthu ei gar i'w frawd, ond yn y diwedd fe werthodd y car i rywun arall, i ddyn diarth.

'Pam wnest ti hynna, Mel?' holodd ei fam.

'Dim ond £800 roedd o'n fodlon ei roi i mi, ond roedd y dyn arall wedi cynnig £900. Diwedd y gân ydi'r geiniog. Mae'n bwysig i mi gael hynny o arian fedra i er mwyn prynu car newydd.'

Roedd llofft y plant yn flêr unwaith eto
A diwedd y gân oedd fod rhaid ei thacluso.